Materiales cambiantes
Mezclar y separar

Chris Oxlade

WITHDRAWN

Heinemann Library
Chicago, Illinois

www.heinemannraintree.com
Visit our website to find out more information about Heinemann-Raintree books.

To order:
☎ Phone 888-454-2279
▭ Visit www.heinemannraintree.com to browse our catalog and order online.

© 2011 Heinemann Library
an imprint of Capstone Global Library, LLC
Chicago, Illinois

Customer Service: 888-454-2279

Visit our website at www.heinemannraintree.com

All rights reserved. No part of this publication may be reproduced or transmitted in any form or by any means, electronic or mechanical, including photocopying, recording, taping, or any information storage and retrieval system, without permission in writing from the publisher.

Edited by Charlotte Guillain and Rebecca Rissman
Designed by Ryan Frieson and Betsy Wernert
Translation into Spanish by DoubleO Publishing Services
Original illustrations © Capstone Global Library Ltd.
Illustrated by Randy Schirz (p. 9)
Photo research by Elizabeth Alexander and Virginia Stroud-Lewis
Printed and bound in China
Translation into Spanish by DoubleOPublishing Services

20 19 18 17
10 9 8 7 6 5 4

Library of Congress Cataloging-in-Publication Data
Oxlade, Chris.
   [Mixing and separating. Spanish]
   Mezclar y separar / Chris Oxlade.
      p. cm.—(Materiales cambiantes)
   Includes bibliographical references and index.
   ISBN 978-1-4329-4431-5 (hc)—ISBN 978-1-4329-4436-0 (pb)
   1. Mixing—Juvenile literature. 2. Mixtures—Juvenile literature.
   3. Separation (Technology)—Juvenile literature. I. Title.
   QD541O96218 2011
   541—dc22
                                                    2010004616

Acknowledgments

The author and publishers are grateful to the following for permission to reproduce copyright material: Alamy **pp. 6** (© Avril O'Reilly), **20** (© Phil Degginger), **22** (© Bon Appetit/Wolfgang Usbeck), **24** (© Kirsty McLaren); Art Directors and Trip Photo Library **pp. 18 , 25** (Helene Rogers); © Capstone Global Library **pp. 4, 5** (MM Studios); © Capstone Publishers **pp. 26, 29** (Karon Dubke); Corbis **pp. 13** (© Fancy/Veer), **23** (© Bloomimage); Getty Images **pp. 11** (Photographer's Choice/Jeff Smith), **14** (Photographer's Choice/Peter Dazeley); iStockphoto **p. 16** (© Nicola Stratford); Photolibrary **p. 21** (Mikael Andersson/Nordic Photos); Science Photo Library **p. 27** (Alex Bartel); Shutterstock **pp. 7** (© pzAxe), **8** (© Timothy R. Nichols), **10** (© Farsad-Behzad Ghafarian), **12** (© bluehill), **15** (© Kevin Britland), **17** (© Mana Photo), **19** (© Andresr), **28** (© Ralf Beier).

Cover photograph of children painting reproduced with permission of Alamy/© Tetra Images.

Every effort has been made to contact copyright holders of material reproduced in this book. Any omissions will be rectified in subsequent printings if notice is given to the publisher.

All the Internet addresses (URLs) given in this book were valid at the time of going to press. However, due to the dynamic nature of the Internet, some addresses may have changed, or sites may have changed or ceased to exist since publication. While the author and Publishers regret any inconvenience this may cause readers, no responsibility for any such changes can be accepted by either the author or the Publishers.

Contenido

Las palabras que aparecen en negrita, **como éstas**,
se explican en el glosario.

Acerca de los materiales

El mundo que nos rodea está lleno de materiales. La madera, el plástico y el metal son diferentes tipos de materiales. Fabricamos todo tipo de cosas con los diferentes materiales.

¿Cuántos materiales diferentes puedes ver aquí?

¿Cuáles de estas cosas están hechas con materiales naturales?

Algunos materiales son materiales **naturales**. Los obtenemos del mundo que nos rodea. La madera, la arcilla y el agua son materiales naturales. Los seres humanos fabrican otros materiales, como el plástico y el vidrio.

Materiales cambiantes

Este juguete es blando y cambia de forma fácilmente.

Los materiales pueden cambiar de forma. Podemos calentar un material o enfriarlo, estirarlo o aplanarlo. A veces podemos cambiar las **propiedades** de un material. Las propiedades de un material incluyen cómo se ve y cómo se siente al tacto.

Podemos cambiar los materiales mezclándolos. Cuando los mezclamos, obtenemos un material nuevo llamado **mezcla**.

Aquí hay una mezcla de bloques de construcción de diferentes colores.

Mezclas

Una mezcla está formada por dos o más materiales diferentes. Los materiales tienen que estar bien mezclados para formar una verdadera mezcla.

Ésta es una mezcla de diferentes tipos de frijoles.

Una mezcla puede estar formada por **sólidos**, **líquidos** y **gases**. El hielo es un ejemplo de un sólido, el agua es un líquido y el vapor es un gas.

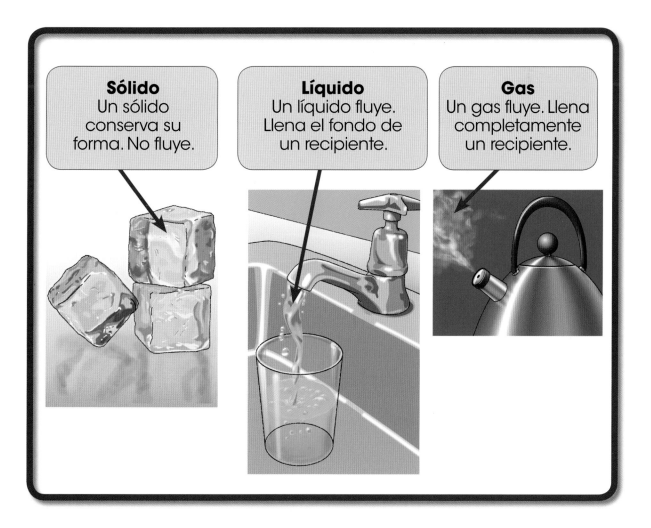

Sólido
Un sólido conserva su forma. No fluye.

Líquido
Un líquido fluye. Llena el fondo de un recipiente.

Gas
Un gas fluye. Llena completamente un recipiente.

Mezclar pinturas

Debes revolver bien para mezclar la pintura.

Usamos **mezclas** cuando pintamos. A veces mezclamos agua con polvo para hacer una pintura. Otras veces mezclamos pintura espesa con agua.

Si mezclamos pintura amarilla con pintura azul, obtenemos pintura verde.

Mezclamos diferentes colores de pintura para obtener nuevos colores. La mezcla de dos colores produce un color nuevo. Podemos obtener muchos colores mezclando sólo unos pocos colores.

Mezclas en la cocina

Usamos muchas **mezclas** en la cocina. Mezclamos materiales para preparar diferentes platos de comida. Los materiales que mezclamos se llaman **ingredientes**.

Para hacer un pastel, los ingredientes que se mezclan son harina, mantequilla, azúcar y huevos.

Cuando haces un batido de fruta, estás haciendo una mezcla.

Una licuadora mezcla los ingredientes para hacer una bebida. Un batido de fruta es una mezcla de jugo **líquido**, leche o yogur y pedacitos de fruta **sólida**.

Fabricar materiales nuevos

Esta niña está fabricando un modelo con un material llamado papel maché.

Podemos fabricar materiales nuevos usando **mezclas**. Por ejemplo, el papel maché es un material que se hace mezclando pegamento y papel. Cuando la mezcla se seca, cambia. Se endurece.

Cuando mezclamos para fabricar un material nuevo, éste puede tener **propiedades** diferentes de los **ingredientes** de la mezcla. El concreto está compuesto por polvo de cemento, arena y agua. Cuando se seca, la mezcla de concreto se pone dura como una roca.

Una mezcladora de concreto mezcla los ingredientes para fabricar el concreto.

Disolver

Al mezclar ciertos materiales con agua, los materiales parecieran desaparecer. Por ejemplo, cuando se mezcla azúcar con té o café, los granos gradualmente se hacen más chicos hasta desaparecer.

Los granos de azúcar se disuelven en el té.

El azúcar que se mezcla en el té en realidad no desaparece. Lo que pasa es que se deshace en pedacitos y se mezcla con el agua. Los pedacitos son demasiado pequeños y no se pueden ver. La forma en que se deshace o cambia el azúcar se llama **disolver**.

El agua de mar contiene mucha sal disuelta, pero no se ve la sal.

Investigar cómo mezclar

Algunos materiales se mezclan bien unos con otros. Cuando los revuelves, se mezclan y ya no se separan. Intenta mezclar en un tazón un poco de leche y agua. ¿Se mezclan fácilmente?

¿La leche y el agua se separan?

Ahora trata de hacer otras **mezclas**.
Prueba con estos materiales:

❋ sal y agua

❋ harina y sal

❋ aceite de cocina y agua

❋ azúcar y agua

❋ azúcar y aceite de cocina

¿Se mezclan fácilmente estos materiales?
¿Se **disuelven** algunos materiales en otros?
¿Hay algunos difíciles de mezclar?

Anota tus **observaciones** en un cuaderno.

Cosas que no se mezclan

Cuando intentaste mezclar los materiales de la página 19, quizás hayas descubierto que algunos materiales no se mezclan bien. Por ejemplo, el aceite de cocina y el agua no se mezclan.

Después de mezclarlos, el aceite y el vinagre de este aderezo para ensaladas pronto se **separan** nuevamente.

La madera no se disuelve en el agua.

En tus experimentos, ¿se **disolvieron** algunos materiales en el agua? ¿Algunos no lo hicieron? Muchos materiales, como la harina, el aceite, las piedras y la madera, no se disuelven en el agua.

Separar mezclas

Al escurrir una albóndiga, se separa del agua hirviendo.

A veces queremos recuperar los diferentes materiales de una **mezcla**. Esto se conoce como **separar**. Podemos usar una cuchara con agujeros para separar las verduras del agua en que se cocinaron.

Algunas mezclas están compuestas por pedacitos **sólidos** de algún material mezclados con un **líquido**. Por ejemplo, el agua turbia está compuesta por pedacitos de tierra mezclados con agua. Podemos separar estas mezclas con un **filtro**.

Con un filtro para café se quitan los granitos de café del café líquido.

Filtros

Usamos un **filtro** para **separar** una **mezcla** compuesta por pedazos grandes de un material y pedacitos de otro material. Un filtro tiene agujeros por los que pasan los pedacitos. Los pedazos grandes quedan atrapados en el filtro.

Esta criba funciona como un filtro. La tierra cae por los agujeros de la criba. Las piedras más grandes se quedan en la criba.

El agua pasa por los agujeros del colador. Los guisantes se quedan en el colador.

También podemos usar un filtro para separar de un **líquido** los pedazos de un material **sólido**. Un colador de cocina es un tipo de filtro.

Separar con imanes

Podemos usar **imanes** para **separar** una **mezcla** de pedazos de metal y otros materiales. Los pedazos de metal se adhieren al imán. Los demás materiales no.

Con un imán puedes separar los clips de una mezcla de materiales.

En las chatarrerías se utilizan imanes para separar los metales llamados hierro y acero de los demás materiales. Un imán eléctrico gigante recoge el hierro y el acero.

El imán recoge el hierro y el acero, pero deja los otros metales y el plástico en el suelo.

Prueba sobre separar

En esta página hay una lista de **mezclas**. En la página siguiente hay una lista de diferentes métodos para **separar** estos materiales.

¿Qué método usarías para separar cada mezcla?

Mezclas

1) Tierra y piedras

2) Guisantes y agua

3) Granos de café y café líquido

4) Clips y papel

¿Cómo separarías los guisantes del agua?

Métodos para separar materiales

✳ usar un colador

✳ usar un **filtro**

✳ usar un **imán**

✳ usar un filtro para café

¿Qué usarías para separar tierra y piedras?

Respuestas: 1) filtro, 2) colador, 3) filtro para café, 4) imán.

Glosario

disolver deshacer en pedacitos en el agua

filtro material con agujeritos

gas material que fluye y llena un espacio. El aire es un gas.

imán objeto que atrae el hierro y el acero

ingrediente material que se agrega para hacer una mezcla

líquido material que fluye y llena el fondo de un recipiente. El agua es un líquido.

mezcla material compuesto por dos o más materiales distintos

natural algo que no está hecho por las personas. Se obtiene de los animales, las plantas o las rocas de la Tierra.

observación acción de mirar algo con atención

propiedad algo que nos indica cómo es un material; por ejemplo, cómo se siente al tacto y cómo se ve

separar recuperar los ingredientes de una mezcla

sólido material que conserva su forma y no fluye. La madera es un sólido.

Aprende más

Libros

Larousse México. *Materiales y materia (40 fantásticos experimentos)*. México: Larousse México, 2005.

Llewellyn, Claire. *Materials*. Mankato, Minn.: Cherrytree, 2005.

Oxlade, Chris. *Using Materials* series (*Coal, Cotton, Glass, Metal, Oil, Paper, Plastic, Rock, Rubber, Silk, Soil, Water, Wood, Wool*). Chicago: Heinemann Library, 2004–2005.

Ryback, Carol. *Sólidos (Estados de la materia)* Chappaqua, New York: Weekly Reader Early Learning Library, 2006.

Sitios web

www.crickweb.co.uk/assets/resources/flash. php?&file=materials

www.crickweb.co.uk/assets/resources/flash. php?&file=materials2d

Visita estas páginas web para hallar actividades interactivas de ciencias.

Índice

31901063552980